LE BANQUET DU CONSENSUS MONDIAL

AVANT-PROPOS

Les lignes de cet écrit sont loin d'être une approche fictive ou imaginaire, conçue dans la même lignée que la sonnette d'alarme tirée du coté du réchauffement climatique.

Les sujets abordés étant très délicats, et ne manquant pas d'attiser les confrontations, c'est avec, à la fois délicatesse et rigueur, approche superficielle et conviction inébranlable que mes mots sont distillés à toutes oreilles sensibles et toutes consciences avisées.

On saisit encore mal l'avancé tacite, à l'horizon proche, d'une série cataclysmique exceptionnelle d'événements. Les thèmes : séismes et « perturbations climatiques », « perturbations » vu dans son caractère profond ! De l'Europe à l'Asie, l'Amérique du sud également, notamment dans les Andes.

Quelques points seront abordés, des directives seront données, afin de mieux appréhender ces temps, à tout ceux qui ont des oreilles sensibles.

Que cet avant-propos alimente votre lecture !

PLAN

- **APPROCHE GLOBALE ENTRETENUE**
- **PREDIRE LES SEISMES GRACE AU RADON**
- **HYDROCARBURES : TOUTE UNE HISTOIRE , TOUT UN PASSE**
  - EBAUCHE DE LA CROUTE TERRESTRE
- **CARACTERISTIQUES DE CERTAINS ENSEMBLES ROCHEUX**
  - CLIMAT EGALEMENT
- **CONCLUSION**

Bien au delà des regards, la réalité silencieuse d'un chamboulement économique ne cesse encore d'alimenter tacitement les esprits de l'économie. La zone de turbulence est elle passée ? Pour l'instant, les efforts convergent vers une stabilisation des places financières, bancaires et du système économique mondial. Les répliques sociales qui s'en suivent donnent tout de même aux places financières quelques légers frémissements.

Mais loin de la mondialisation de ces crises, économique et sociale, l'on dira « effet de mode pour effet de mode, l'environnement aura surement son mot à dire ». Ne dit on pas « jamais deux sans trois » ? Il faut certainement s'y attendre bien que déjà des signes précurseurs nous conduisent à admettre cette évidence : perturbation probante du climat (on aurait dit que le printemps s'est quelque peu dissipé), grippe porcine, récurrence de séisme, de tempête et vents violents,…

Abordons notamment les séismes, c'est ce que l'horizon profile ! Sans pour autant laisser les cataclysmes climatiques.

Dans l'une des régions du monde, où nombre de maux ont déjà élu domicile : pauvreté, manque d'eau, sous développement, besoin alimentaire,…mais qui pourtant est une plate-forme mondial, l'horizon me semble obscur : le Proche-Orient. Mais pas seulement : l'Europe aussi.

APPROCHE GLOBALE ENTRETENUE

Nous avons su appréhender l'**Himalaya**, les chaines du **Caucase**, la **faille du levant**, les zones géographiques de divergences, de subductions et de collisions, la croute terrestre dans sa globalité; la vitesse de déplacement des plaques,…Grace aux avancés technologiques il est possible, aujourd'hui, de quantifier l'énergie libérée lors d'un séisme, de déterminer son intensité sur Mercalli,…mais il ne reste plus qu'à prédire ou prévoir les séismes. Le seul puzzle qui abrase la communauté scientifique.

Et pourtant dans la zone orientale, le spectre d'une ambiance sismique prend forme de façon progressive dans ce qu'il me paraît convenable d'appeler « l'essis » « l'espace sismique » prit dans une approche globale : du Caucase au nord, au Yémen au sud ; de l'inde à l'est, à l'Europe à l'ouest.

Le déplacement de la plaque indo-australienne, vers le nord, rencontre la plaque eurasienne accentuant les contraintes dans cette zone. Sa vitesse relative de déplacement de 7cm/an fait d'elle l'une des plaques les plus rapides. Ce critère justifie en partie les nombreuses secousses aux abords de celle-ci. Un peu plus à l'ouest, la plaque d'Arabie, plus petite, ne demeure pas moins statique: sa vitesse de déplacement est d'environ 3 cm/an vers le nord-est. Elle vient, aussi, accentuer les contraintes au niveau de la plaque eurasienne, tout en ne négligeant pas les contraintes aux abords de l'indo-australienne. Ainsi, on est dans **une zone de forte contrainte, alimentée par la tectonique de ces trois plaques, où la croute est parsemée de failles et de chaines montagneuses et entachée de zone de subduction (Asie du sud-est) et collisions.**

La tectonique des plaques est « *une théorie scientifique planétaire unificatrice qui propose que les déformations de la lithosphère sont reliées aux forces internes de la terre et que ces déformations se traduisent par le découpage de la lithosphère en un certain nombre de plaques rigides (14) qui bougent les unes par rapport aux autres en glissant sur l'asthénosphère* ». Comme HESS l'a démontré, les courants de convection se présentent sous deux formes: certains sont ascendants et se voient par le sens du sommet des dorsales dirigé vers le haut (typique d'un courant ascendant) et d'autres descendants, avec un sommet dirigé vers le bas donnant ainsi naissance aux fossés ou aux rifts (selon les cas). Et ces courants de convection qui sont à l'origine des mouvements tectoniques des plaques semblent ne pas agir avec la même intensité sur l'ensemble de la surface lithosphérique (autrement dit les vitesses de déplacement des plaques diffèrent).On peut donc , en première intention, dire que ces mouvements sont le fait du noyau qui se comporte comme une source d'énergie à laquelle est connectée des *« câbles » (les couches sous-jacentes)* qui transportent l'énergie jusqu' à la croute terrestre , à travers des genres de *« douilles-piliers »* sur lesquelles repose la lithosphère, qui elle est alors, alimentée (comme un dipôle) afin de la rendre vivant : d'où l'expression « la terre est une planète dynamique » dans le monde sismologique. On pourrait se voir donc en face d'un *circuit électrique* dont la source d'énergie(le Générateur :

le noyau) alimente des *récepteurs* (les différentes plaques) et qui contribuent, par le biais d'un fonctionnement indépendant (de chaque plaque), au fonctionnement global du circuit (la croute dans sa globalité). De plus, *des transformateurs (les discontinuités)* permettent de réguler les flux.

Avec cette carte prise sur le site http://www.ggl.ulaval.ca/personnel/bourque/img.communes.pt/str.interne.terre.html, on illustre la dernière idée :

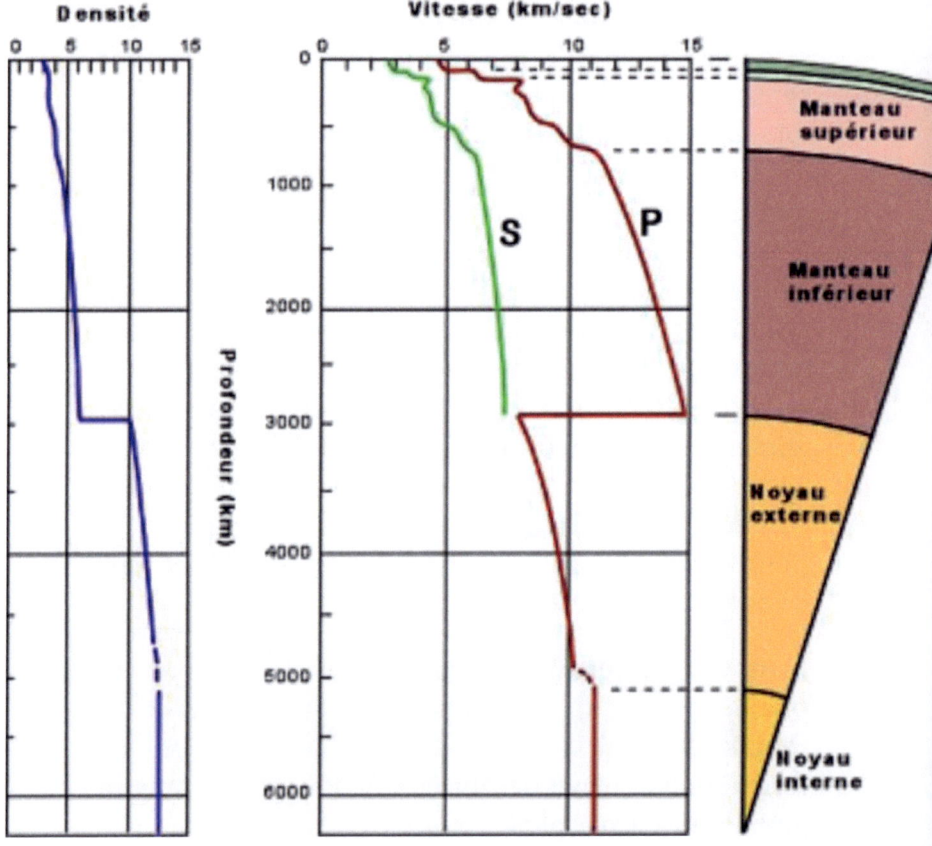

Vu sous l'angle d'un circuit électrique, on paraitrait dispenser un cours à des néophytes : mais non ! D'abord expliquons le graphique.

Dans les premiers kilomètres, au contact lithosphère-asthénosphère, on note une légère chute des vitesses de propagation des ondes P et S correspondant au passage d'un matériel solide à un matériel plastique, notamment de la lithosphère à l'asthénosphère. La brusque interruption de propagation des ondes S à la limite entre le manteau et le noyau indique qu'on passe d'un solide (le manteau inférieur) à un liquide (le noyau externe). L'augmentation progressive de la vitesse des ondes P et S dans le manteau indique une augmentation de densité du matériel à mesure qu'on s'enfonce dans ce manteau. Enfin, La chute subite de la vitesse des ondes P au contact manteau-noyau est reliée au changement d'état de la matière (de solide à liquide), mais les vitesses relatives continuent d'augmenter, indiquant une augmentation des densités. Cette explication claire trouve son origine sur le site. Les scientifiques parlent de « <u>circuits de la matière</u> » au sein du manteau rien qu'en considérant la montée du matériel basaltique chaud au niveau des dorsales, le déplacement des plaques lithosphériques, leur disparition dans les zones de subduction, les collisions entrent plaques et la formation de montagne.

En étudiant les variations de vitesse des différentes ondes sismiques dans les couches sous-jacentes, les scientifiques sont arrivés à cartographier et à faire ressortir une alternance de zones chaudes et froides dans les couches sous-jacentes. Illustration:

- Les zones chaudes

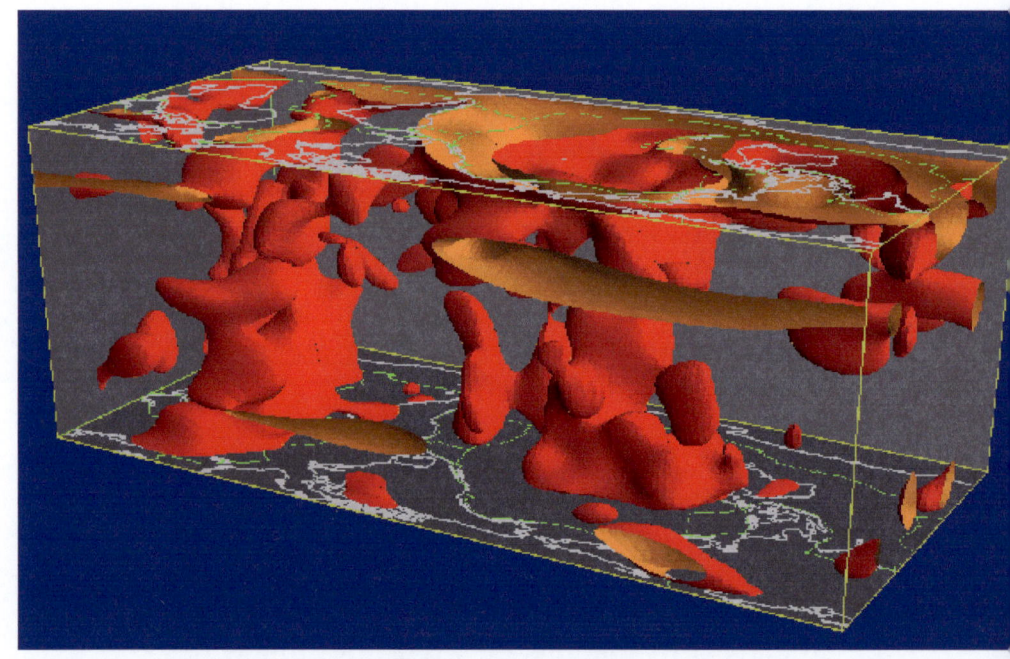

Ce sont des zones bien réparties et distinctes, de même que les zones froides d'après ces images.

• les zones froides

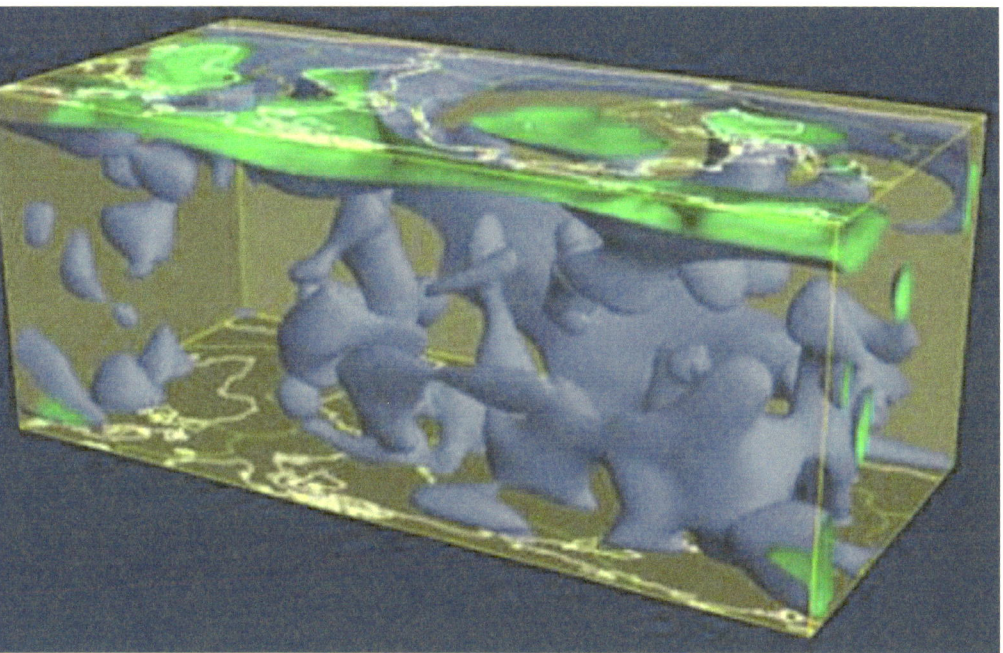

Encore, On peut avancer que l'on est ici en face d'un **genre de *procédé de fonderie qui façonnent la face de la croute ,ou, qui génère des formes de relief*** : les bases de la lithosphère sont ***coulées dans un milieu visqueux*** dont les ***variations d'état ou de composition*** suivent une ***banque de formes toutes aussi complexes qu'aléatoires*** qui répondent à ***une équation particulière, et qui modifient l'état, la structure et le comportement de la croute en surface***. Ainsi, il peut arriver que des zones chaudes (prises dans les cas ci-dessus) s'étendent, se répandent ou s'étalent par exemple, sur une bonne partie de la base lithosphérique faisant reculer ainsi certaines zones froides.

On sait aujourd'hui que lorsque deux plaques <u>continentales</u> entrent en collision, le mécanisme se coince: le moteur du déplacement, la convection, n'est pas assez fort pour enfoncer l'une des deux plaques dans l'asthénosphère à cause de la trop faible densité de la lithosphère continentale par rapport à celle de l'asthénosphère.

De ce fait, tout le matériel sédimentaire est comprimé et se soulève pour former une chaîne de montagnes où les roches sont plissées et faillées. Le milieu géologue qualifie de « soudure » le fait que la collision de deux plaques continentales engendre une chaine de montagnes où les éléments appartenant aux deux entités indépendantes s'entre mêle pour former un complexe rigide ou se soudent tout simplement. La chaine de l'Himalaya illustre quelque peu ce phénomène.

Lorsque le gradient thermique augmente à la base du manteau inférieure, la vitesse des courants s'accélère pour conduire à une fusion plus rapide du volume rigide avec le magma par des subductions, une remontée du magma par le biais des fissures et intrusions plus forte et plus rapide. D'après une étude scientifique poussée, il semblerait que la zone de l'Asie, séparée par la Théthis au secondaire, n'était à cette époque qu'une masse fragmentée qui se serait, par la tectonique, rassemblée ou « soudée » à l'image de l'inde à l'Eurasie et de la péninsule arabique pour former la masse continentale que l'on connait aujourd'hui. Ce qui conduirait à avancer que cette masse pourrait présenter une grille de failles à la fois « actives » (les failles connues avec la faille du levant que l'on peut citer) et « passives » (dite ainsi, qui ne se sont pas encore fait connaitre). Preuve à l'appui, on saisit l'état actuel du long processus tectonique :

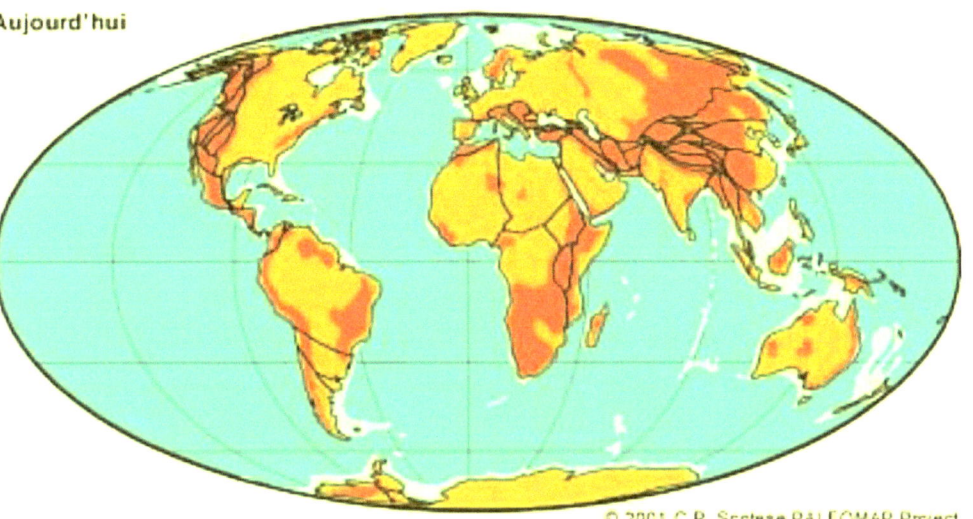

On voit bien les lignes de failles et la soudure des fragments de cet ensemble. Les scientifiques disent que cet état est la résultante de mouvements plus ou moins importants :

- Partons du jurassique, il y a plus de 160 milliards d'années, se séparait la Pangée pour donner l'Amérique du nord, l'Afrique et les blocs de l'inde et l'Australie

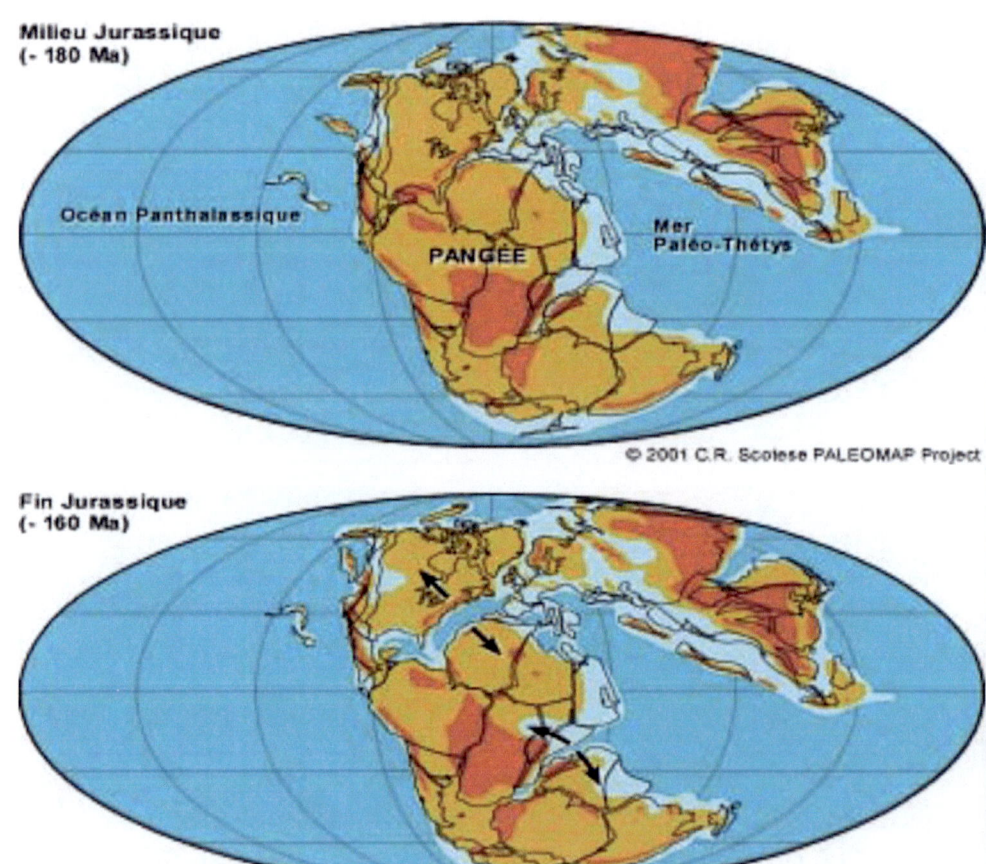

- Au crétacé (- 120Ma à -80Ma) se forme l'embryon de l'océan atlantique actuel et laissent entrevoir plus ou moins distinctement les blocs continentaux actuels.

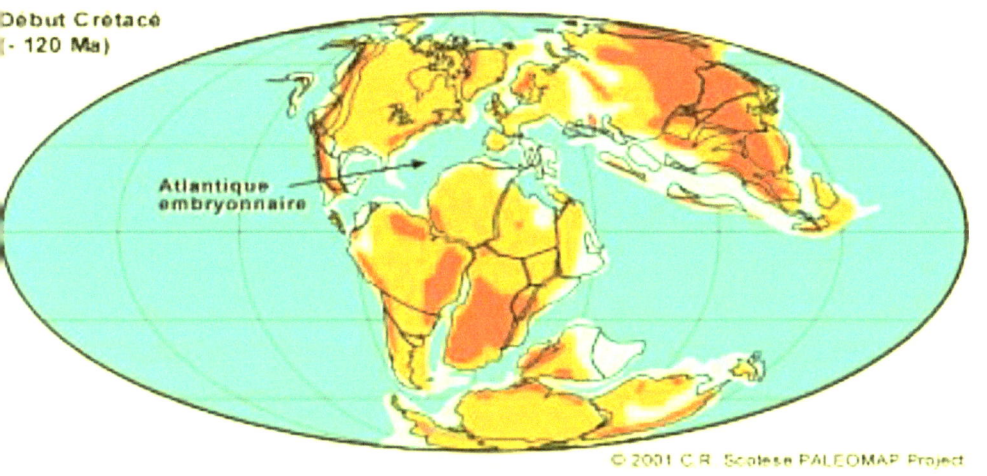

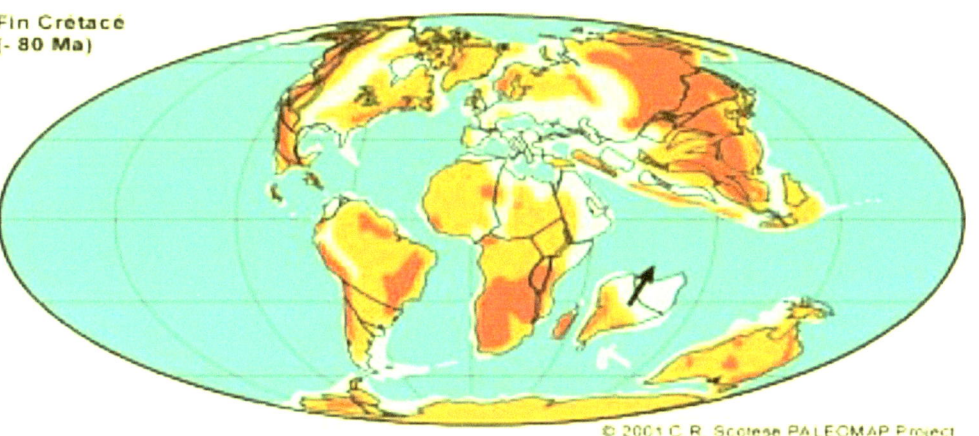

- Ils évoluent de l'éocène au Miocène se rattachant pour former des masses comme en témoigne l'Asie (un rassemblement de microplaques).

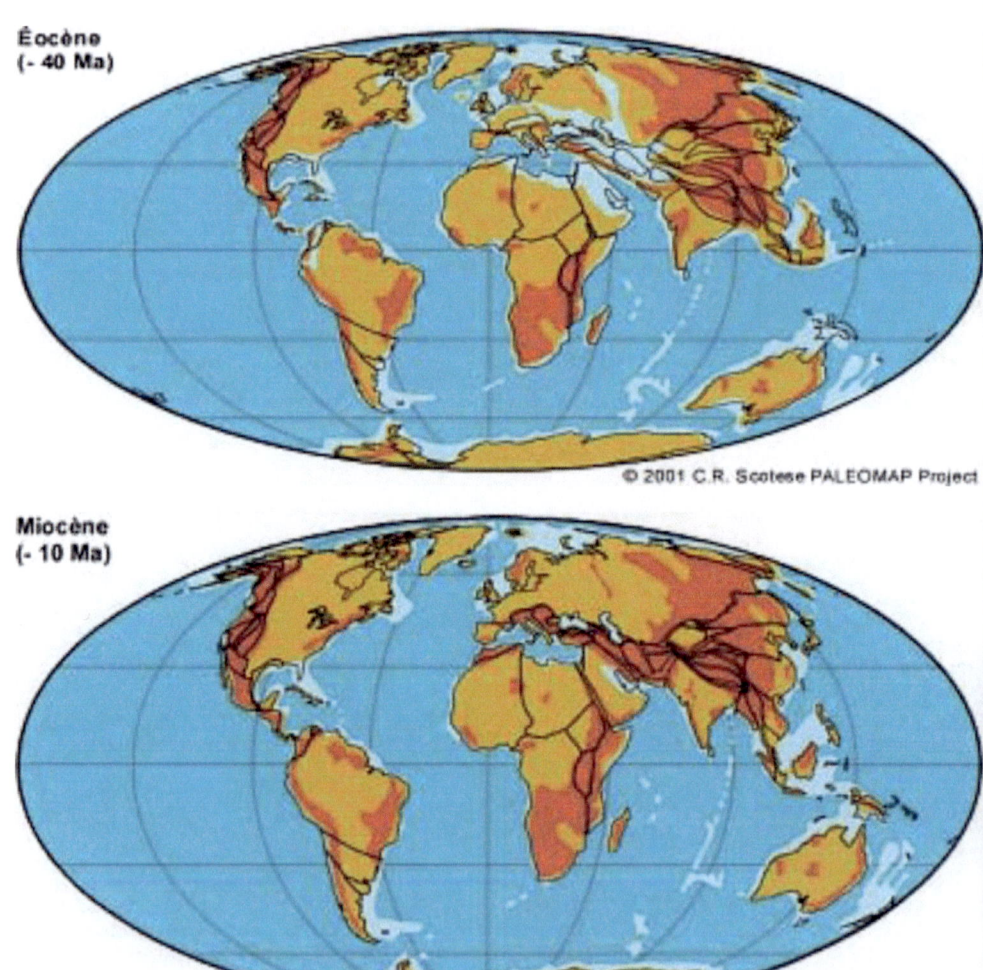

Éocène
(- 40 Ma)

Miocène
(- 10 Ma)

On sait que les vitesses de déplacement des plaques diffèrent : preuve que l'action des courants de convection diffère par endroit. Voyons cela à l'échelle des plaques. Posons-nous la question de savoir si les plaques les plus petites se déplacent plus vite que les plus grosses. La réponse est non.

A titre illustratif, la plaque du pacifique effectue son déplacement à une vitesse relative de 10cm/an contre 1cm pour l'Eurasie ; celle d'Arabie de 3cm contre 2cm pour l'Afrique (qui pourtant est une masse bien plus grande que celle de l'Arabie), celle des caraïbes de 1cm contre 7 pour l'indo-australienne. On a transcendé le facteur poids ! Les scientifiques disent que les courants de convection qui alimentent les mouvements des plaques dépendent des éléments radioactifs présents dans le manteau. On peut donc saisir l'idée d'une fusion continue, atténuée ou pas, de noyaux radioactifs au large des plaques qui les ont conduits à adopter les positions actuelles. Ce qui signifie que la position d'une plaque est fonction de la position que lui fait prendre les flux convectifs. La scission d'une plaque en est aussi fonction : la variation, brutale ou continue, voire progressive, d'une cellule convective en un point précis au dessous d'une plaque peut conduire à sa rupture en plusieurs micro-masses.

Ainsi, collisions et subductions, formation ou ébranlement de chaines de montagnes, apparition de failles,... tout est conditionné par la masse sous jacente : l'asthénosphère. Et même le comportement ductile, élastique, cassant,... dépend de la proximité des roches d'avec le manteau.

L'observation des tremblements de terre à permis d'étudier la structure interne de notre planète. En observant en différents points du globe les vibrations créées par un tremblement de terre, les sismologues sont parvenus à reconstruire la trajectoire que les ondes sismiques ont parcourue dans le globe. Et, comme cette trajectoire dépend de la nature des matériaux rencontrés, elle à permis de remonter à la structure interne de la planète. Un autre moyen d'étude fut l'analyse des roches éjectées par les volcans, qui met à nu la composition chimique des couches profondes.

Mais le point le plus important à saisir, qui viendrait couronner ces longues années de travaux entrepris en ce sens, est la prédiction des séismes. Quand et où aura lieu le(s) prochain(s) séisme ? Quelle sera sa magnitude ? ...

PREDIR LES SEISMES GRACE AU RADON ?

Depuis le séisme de Tachkent en 1966 en Ouzbékistan, tout comme à Kobe au Japon en 1995, du 6 avril 2009 à L'Aquila, dans les Abruzzes, la polémique est toujours d'actualité. La controverse porte sur la prédiction de séismes sur la base de mesures de la teneur en radon, un gaz radioactif provenant de la décroissance d'éléments radioactifs naturels dans les sols. L'Institut de radioprotection et de sûreté nucléaire (IRSN), participe à des recherches sur l'émission de radon dans des ouvrages souterrains.

La toute première observation d'un signal « radon » considéré, a posteriori, comme annonciateur d'un tremblement de terre, remonte à plus de quarante ans. Ainsi, partant du séisme de Tachkent en Ouzbékistan, de très nombreux enregistrements ont mis en évidence des variations inhabituelles de la teneur en radon des gaz prélevés dans les sols ou les eaux souterraines, avant ou pendant les tremblements de terre survenus dans la plupart des régions sismiques du globe. Précurseurs dans le premier cas, «cosismiques» dans le second, ces signaux sont parfois également enregistrés après les secousses sismiques ou encore seulement corrélés aux répliques. Les études montrent que la forme et la durée de telles « anomalies » sont extrêmement variables et échappent, jusqu'à présent, à toute théorie dûment validée. Raison pour laquelle la controverse persiste.

Le radon est un gaz radioactif formé en permanence dans les profondeurs de la croûte terrestre jusque dans les sols les plus superficiels, du fait de la présence naturelle d'uranium ou de radium, même en traces, dans toutes les formations rocheuses. Pour l'essentiel, il disparaît dans le sous-sol, par désintégration radioactive non loin de l'endroit où il est apparu. Des études scientifiques ont montrés qu'aux abords des dorsales, les mécanismes convectifs seraient amplifiés (bien sur il y a le différentiel thermique) par la fusion d'éléments radioactifs situés dans cette zone. De plus, la variation ou la libération dans l'atmosphère d'éléments radioactifs lors de séismes, tel que le radon, met en évidence *le rapport entre la présence d'éléments radioactifs dans une zone et un séisme.* Les variations des teneurs en radon enregistrées dans les zones sismiques indiquent clairement que la circulation des fluides souterrains gazeux ou liquides, et du radon qu'ils transportent, est affectée par les contraintes et les déformations qui préparent ou accompagnent les tremblements de terre. Mais, *passer de ce constat à une véritable prévision supposerait que l'on sache associer à l'observation d'un signal « radon », la profondeur du foyer, l'épicentre et la magnitude du séisme qu'il pourrait annoncer, le tout dans une « fenêtre temporelle » suffisamment étroite pour permettre aux pouvoirs publics de prendre des mesures de protection des populations dans la zone menacée.*

Le radon peut être un bon élément de prédiction d'un séisme à condition que l'on ait connaissance de la roche sous jacente, de son état (âge et affaiblissement) et de sa capacité à résister aux contraintes (donc sa résistance). Plus loin, on pourra se permettre par estimation de la vitesse d'échappement (due à la désintégration) dans l'atmosphère du radon, déterminer le niveau de contrainte qui s'exerce à l'intérieur de la croute, la distance au foyer et donc le temps. Une approche purement théorique vu qu'il y a encore bon nombre de paramètres à prendre en compte.

Il y a lieu de savoir que la roche subit de façon générale deux types de déformations : une déformation d'abord élastique, qui lorsqu'elle est accentuée produit une déformation plastique.

L'augmentation des contraintes pousse la déformation jusqu'au point de rupture de la roche. On ne peut donc pas à 100% se fier au radon car la désintégration peut survenir dans la phase de déformation élastique où la roche peut amortir les contraintes pour ensuite subir un retour à son état initial sans pour autant atteindre le point de rupture, ou sans pour autant qu'il y est un séisme.

Toutefois le radon à su prouver une certaine utilité dans la détermination préventive : **me semble t-il, faut il surement savoir l'aborder.**

D'après les scientifiques, la Terre contient des éléments radioactifs qui produisent de la chaleur, et c'est grâce à ces éléments radioactifs que la Terre est toujours une planète vivante.

Cette radioactivité naturelle produit de la chaleur et toute cette énergie des profondeurs de la Terre a besoin d'être évacuée. L'évacuation se produit alors par convection thermique, c'est à dire qu' « *il y a mise en mouvement de la matière et que cette mise en mouvement transporte ou évacue la chaleur* ». L'origine de cette radioactivité est déterminée par les radio-isotopes existants dans la nature et produits lors des explosions des supernovas. On trouve des traces de ces éléments radioactifs et de leurs descendants dans notre environnement : un roc de granite contient des traces d'uranium qui, en se désintégrant, émet du radon. Ainsi si la convection, le moteur de la tectonique, est alimentée par la présence d'éléments radioactifs produit dans le manteau, sans négliger la différence de température entre la base du manteau supérieur et la base de la lithosphère, alors tous ces éléments :le mouvement des plaques, le phénomène du « point chaud », l'apparition de fossé (image d'une convection descendante) ou d'une dorsale (comme on la connait), l'ébranlement de montagne sont autant d'éléments déterminés par la *concentration localisée d'éléments radioactifs*.

Les zones qui pourraient être les plus exposées, aujourd'hui, en termes de séismes majeurs, paraissent être le Proche-Orient, et L'Europe. Souvenez-vous, il s'agit dans cette zone d'un recrutement de microplaques, qui a ensuite vu naitre une chaine de montagnes, des alpes à l'Himalaya : Une croute largement éprouvée.

L'orient, déjà connue pour sa forte activité sismique: en inde où l'Himalaya ne cesse de progresser de 1 à 4cm/an selon les avis (preuve d'une tectonique intense dans cette zone); en Papouasienouvelle guinée, zone de collision où en fin 2008-début 2009 des secousses se sont faites ressentir ; on ne craint qu'aux zones premièrement citées la concentration sédimentaire des roches, les nombreuses failles et l'âge encore frêle de la croute ne riment avec des séries de secousses sismiques intenses et violentes. Il faut s'en poser la question, ce sont des pôles au poids économique influent mais aux pieds fragiles : s'il vient que les pieds chancelles, c'est l'économie mondiale qui en pâtira.

Quelques cartes pour illustrer les zones de failles, les convergences et divergences entrent plaques. Les données GPS permettent d'apprécier ces écartements !

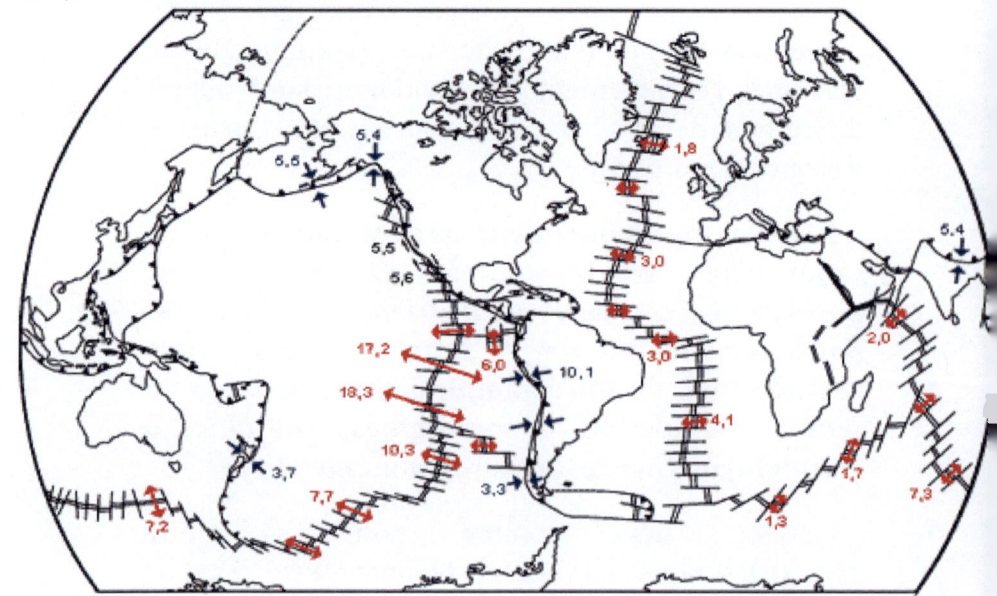

La longueur des flèches est proportionnelle aux taux de divergence ou de convergence exprimés en cm /année.

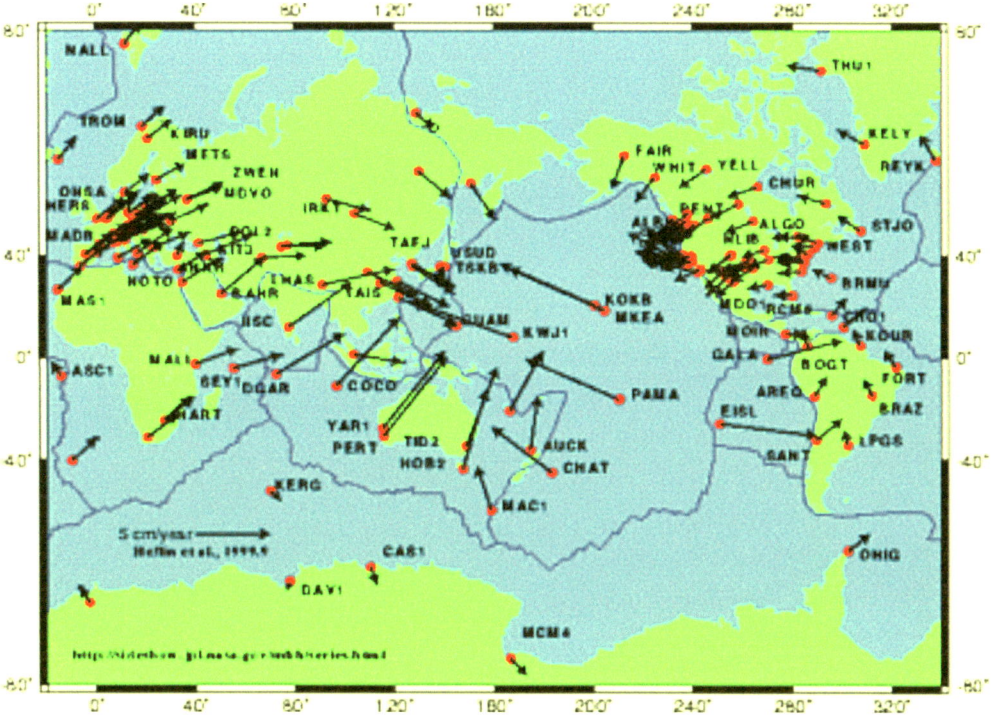

En Europe avec la Grèce :
L'image ci-dessous, tiré du site de la Nasa http://bowie.gsfc.nasa.gov/926/eurotect.html « *qui présente la tectonique actuelle en Europe et plus particulièrement en Grèce. Alors que l'ensemble de l'Europe et de l'Afrique remonte vers le Nord Est, il existe des mouvements relatifs contraires dans la zone de la Grèce. Ceux-ci laissent passer des mouvements relatifs inverses, ce que montre la deuxième carte.* »

Europe

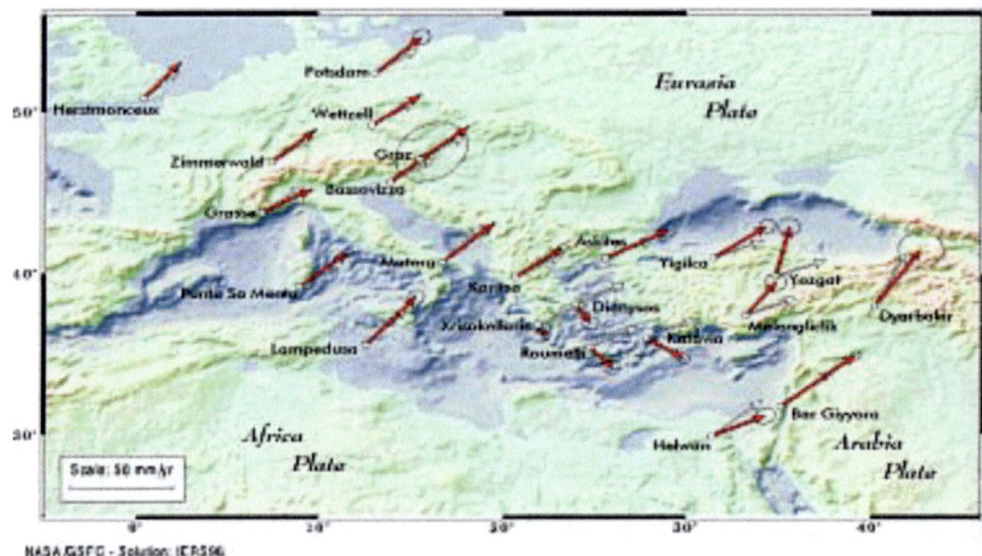

Aegean Region

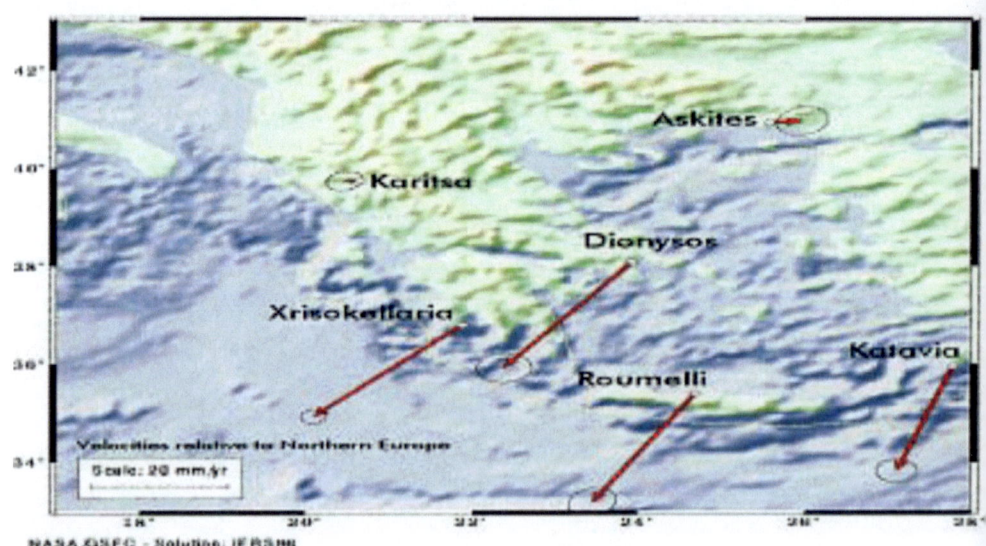

Hydrocarbure : Toute une histoire, tout un passé!

L'exploitation de l'hydrocarbure remonte d'il y a bien longtemps depuis l'époque de « la tour de Babel » connue des livres saints. A l'époque il fut utilisé dans le domaine de l'architecture pour bâtir la ville et la tour dite de « Babel ». Son usage en tant que source d'énergie ne remonte qu'au début du XXe siècle.

Chose fascinante, c'est que ces gisements des pays du golfe dont on redoute l'épuisement aujourd'hui ont transcendé des âges où leur utilisation n'était pas moindre. Or d'après les géologues la formation de gisement de pétrole dans une zone est le fait d'un passé riche en restes fossilisés d'êtres préhistoriques. Si l'on considère cette approche, on peut affirmer que dans cette zone avait existé un nombre plus ou moins pléthorique d'espèces végétales et animales.

Le pétrole et le gaz proviennent de couches de plancton (mais aussi d'algues et de végétaux continentaux,...) enfouies sous un empilement de sédiments. L'accroissement de la température et de la pression en profondeur entraine la liaison des graisses et des hydrocarbures des organismes marins pour former un composé épais, appelé kérogène. Tandis que la température augmente, de longues chaines constituées d'hydrogène et de carbone se séparent du kérogène, donnant une huile lourde et visqueuse. Si la température s'élève encore, des huiles légères et du gaz naturel se forment, s'accumulent dans des roches réservoirs qui vont retenir l'huile comme une éponge. Un gisement alors se forme, entre des couches de roches imperméables comme le schiste.

Aujourd'hui, on estime à 2300 milliards de barils environ les « réserves identifiées », dont 1000 milliards de « réserves prouvées ». Les experts s'appuient sur ces deux chiffres le « peak oïl » qui correspond au pic de la consommation estimée dans une perspective futur. Au delà de ces réserves, il y a les « ressources », estimées à 13700 milliards. Mais de façon encore plus répartie, ils estiment :

- les « réserves prouvées » à 1000 Milliards de barils
- les réserves à découvrir à 700 milliards
- la récupération améliorée 600 milliards de barils. Est récupéré actuellement en moyenne 30 à 40% de l'huile d'un gisement. « On peut aller bien au delà » disent-ils.
- « les ressources récupérables » à 700 milliards. Sont appelés ainsi les huiles non exploitables actuellement mais certainement dans un avenir proche.
- « Les huiles lourdes » à 5000 milliards de barils
- « Les schistes bitumineux » à 8000 milliards

« 1000 milliards de dollars ! Voici le trésor engrangé par les pays producteurs de pétrole en 2007, encore qu'en 2008 le prix du baril s'échangeait en moyenne autour de 70 dollars ; et après plus rien à faire : une envolée spectaculaire dépassant les 130 dollars le baril, pour atteindre 147 dollars. A eux seuls, les membres du conseil de coopération du golfe (CCG : Arabie saoudite, émirats arabes unis, Bahreïn, Qatar, Koweït, Oman) ont engrangé l'an passé, grâce aux exportations de pétrole, la bagatelle de 250 milliards

d'euros » affirmait avec tant de poids l'hebdomadaire « l'observateur ».

On sait que cinq états se partagent les champs pétrolifères des rivages de la mer caspienne : La Ruissie, l'Azerbaïdjan, le Kazakhstan, Turkménistan et Iran. Loin des aspects sociaux et politiques qui empêchent les états et les compagnies pétrolières occidentales de mener à bien leurs projets de constructions d'oléoducs à travers le Caucase et la Russie,..., si l'hypothèse de secousses dans ces pôles est vérifiée, on serait très certainement confronté au pire scénario de crise énergétique. Depuis le début de l'année 2008, on assiste à des séries de secousses assez répandues sur la planète. Certainement, me dira t-on, on en recense chaque jour, et, par an une dizaine en moyenne passe le cap de la magnitude 5 sur Richter.

La chaine du Caucase appartient à un système qui s'étend du sud-est de l'Europe jusqu'à l'Asie. Ces montagnes sont composées de granite et de roches cristallines. Quelques formations volcaniques et de nombreux glaciers existent dans la chaîne.
La faille du Levant, aussi appelée faille de la Mer Morte, est l'une des failles majeures de la Méditerranée Orientale. D'une longueur d'environ 1200km, elle accommode le déplacement de la plaque arabique vers le nord par rapport à la plaque africaine Sinaï.

Il y a ce que l'on peut appeler « les chemins tracés de la croute » qui sont tout simplement des continuités d'ensembles rocheux qui étaient entretenus depuis l'époque de la masse primaire originelle. Lors de la rupture de cette masse, ces ensembles se sont retrouvés sur les différentes masses résultantes, et, qui pour être vu aujourd'hui doivent satisfaire intuition et puzzle : les Appalaches, les calédonides et les mauritanides en sont un témoignage apparent. Ils attestent d'un circuit de raccordement entre eux qui présente une certaine concordance entre leurs structures géologiques. Mais mon allusion se trouve au plus profond de la croute. Ils subissent une répartition très raisonnée.

Le peu d'information au sujet des discontinuités n'altère en rien les hypothèses. L'étude de la structure interne de la terre par le biais des ondes P et S (approche donnée plus haut) semble révélée un aspect tacite des discontinuités. Elles semblent jouer le rôle, équivalent dans un circuit électrique, de « transformateur » et/ou « d'amplificateur ».
Sans traité en profondeur de vagues déferlantes de vents violents, voire de catastrophes naturelles qui s'abattront certainement sur l'Europe, il suffit de considéré la machine climatique pour le savoir, il serait convenable de prendre certaines disposition préalable en vue de traverser ces temps sombres qui s'annoncent.

On verra certainement dans cet écrit une approche cataclysmique de l'avenir. Je répondrais plutôt une approche réaliste et certaine. Les experts du climat ont évoqué dans de nombreux rapports le lien entre l'augmentation de température, de 2 à 3° C, et un dérèglement du climat. En cause les gaz à effet de serre avec son champion en tête : le CO_2.

L'ozone censé nous protégés du rayonnement ultraviolet de soleil semble lui aussi renoncer aux honneurs.

En fait, la machine climatique est alimentée par la chaleur du soleil qui génère de puissants mouvements d'air dans l'atmosphère qui circulent sur des dizaines de milliers de kilomètres. Les phénomènes météorologiques mondiaux dépendent tous du réchauffement intense des régions équatoriales par le soleil, ce qui envoie les couches d'air chaud très haut dans l'atmosphère. L'air ascendant se refroidit et l'humidité qu'il transporte se condense sous forme de nuages et de chute de pluies abondantes. Le propre des zones au climat humide : Afrique, Asie et Amérique du sud. Quand les courants aériens se sont assez refroidis, ils retombent vers les pôles. Cet air « tropical » s'enfonce aux environ du 30° degré de latitude où il rencontre une zone de basse pression. Il va alors être comprimé et réchauffé pour en perdre toute l'humidité qu'il possédait. C'est ce phénomène qui, d'après les climatologues, explique l'existence des zones climatiques subtropicales de déserts permanent comme l'Australie ou la région du Sahara en Afrique. Lorsque l'air atteint la surface, il est attiré par les zones de basses pressions. Il va donc se partager en deux masses dont l'une prendra la direction de l'équateur (fera un retour) sous forme des alizés (cette circulation d'air est connue sous le nom de cellule de Hadley). La deuxième partie glisse vers le pole pour former les vents chauds des latitudes moyennes.

Dans la tranche 50-70° de latitude, ces vents traversant les océans vont se réhumidifiés et rencontré les vents froids et secs en provenance des régions polaires et des taïgas au froid glacial. Le fait que cette latitude soit le siège de fortes dépressions trouve ici son explication. Et on subit actuellement l'amont de grandes dépressions en Europe.

Ce climat tempéré est celui auquel nous sommes assujettis.
Or la concentration des gaz à effet de serre conduit à une réévaluation du système climatique. Raison pour laquelle les experts du climat et certaines prévisions évoquent des perturbations climatiques catastrophiques si rien n'est fait pour limiter les émissions de ces gaz incriminés.
En sus le trou d'ozone participe à une exposition plus importante, comparé aux dernières des décennies, aux rayonnements solaires. Les statistiques disent que chaque diminution de 1% de la quantité d'ozone pourrait provoquer une augmentation de 5% des tumeurs cutanées bénignes chez l'homme chaque année. Encore que chaque année depuis 1979, la couche d'ozone qui surplombe l'antarctique diminue de 50% et plus. Le trou dans la couche est par conséquent de plus en plus grand. Une exploration scientifique est d'actualité (mai-juin 2009) pour tenter de dégager l'évolution de la dégradation du plancher océanique polaire.

Le trou d'ozone est bel et bien béant et le constat du réchauffement climatique n'en est pas moins. Une approche explicative des temps proches donnerait ceci : si le plancher océanique fond, on assisterait à une plus grande vague de vents froids qui toucherait premièrement les pays à proximité, notamment l'Europe. Le réchauffement étant évident, la rencontre entre les vents chauds, en provenance des latitudes inférieures, et ces vents froids provoquera de fortes perturbations et peut être même des cataclysmes assez accentués.

Rejeter cette évidence serait désastreux à un moment d'ailleurs où l'économie tend à renaitre de ses cendres.

- *Si l'exploitation forestière s'accentue dans la forêt Amazonienne, sans reboisement, on risque de perdre «l'élément végétal », qui nous permettrait de résoudre le trou d'ozone !*
- *Assurer le réseau électrique Européen pour soutenir l'édifice économique ?*
- *Le mieux serait de réappréhender le système d'assurance, approvisionner les réserves et garantir les stocks de ressources agricoles et énergétiques.*
- *Si les prévisions se confirment, par de premiers éléments (canicules, grêles, orages,...un gel, des séismes exceptionnelles), faire une anticipation auto-réalisatrice à la baisse de la monnaie.*
- *Pour l'activité pétrolière et gazière, garantir une bonne quantité de stocks et sécuriser les réseaux ;*

- *Evaluer les contraintes tectoniques dans les Andes*

Que l'illusion de la situation actuelle ne nous laisse pas croire à une fable, laissant penser à un cycle saisonnier naturelle, du point de vue du climat, car il peut également survenir une précipitation brutale des évènements.

➤ *EBAUCHE DE LA CROUTE TERRESTRE :*

La croute terrestre est composée de roches sédimentaires, de granite et de basalte, ces constituants ayant été plus ou moins mélangés sous l'effet de l'activité géologique intense de la Terre. En dessous se trouve le manteau, une couche solide d'environ 3000 kilomètres de profondeur, formée de silicates riches en fer et en magnésium. Enfin, au centre se trouve le noyau essentiellement composé de fer et d'un peu de nickel. Ce noyau est en fait composé de deux couches : le noyau externe, liquide, et le noyau interne, solide. Au centre, la température est d'environ 5000 degrés Celsius et la pression de plusieurs millions de fois celle de la surface.

La croûte et la partie externe du manteau forment une couche de quelques dizaines de kilomètres, appelée la lithosphère, qui se distingue par sa rigidité. En dessous se trouve l'asthénosphère, une couche moins rigide sur laquelle la lithosphère peut lentement se déplacer. La lithosphère n'est pas faite d'un seul bloc, mais divisée en plusieurs plaques qui peuvent légèrement se déplacer les unes par rapport aux autres en glissant sur l'asthénosphère. Ces plaques se déplacent sous l'effet de la convection dans le manteau. En effet, l'énergie produite par la désintégration de noyaux radioactifs au centre de la Terre est transportée vers l'extérieur par un phénomène de convection, les roches chaudes remontant vers la surface, les roches refroidies plongeant vers les profondeurs. Ces mouvements de matière dans l'asthénosphère provoquent le déplacement des plaques de la lithosphère, que l'on désigne sous le nom de tectonique des plaques. Ainsi par exemple, la plaque qui porte l'Amérique de sud se sépare de celle qui porte l'Afrique à une vitesse d'environ trois centimètres par an.

La tectonique est responsable de la plupart des formations géologiques présentes sur Terre. Ainsi, lors de la collision de deux plaques, une chaîne de montagnes peut naître. C'est par exemple la collision des plaques portant l'Inde et la Chine qui a donné naissance à l'Himalaya. Il arrive également qu'une plaque plonge sous une autre - on parle de subduction - en menant au même résultat, comme le cas des Andes.

L'une des conséquences les plus importantes de la tectonique est le renouvellement de la surface terrestre. Au milieu de l'océan atlantique se trouve une énorme crête appelée le rift océanique. A cet endroit, deux plaques se séparent et permettent à des roches fondues du manteau de remonter à la surface.

Le phénomène opposé se produit dans les zones de subduction où une plaque redescend vers les profondeurs. Ainsi par le jeu de ces deux phénomènes, de la matière du manteau remonte en permanence à la surface avant de replonger après des centaines de millions d'années. La conséquence est un renouvellement permanent de la surface de la Terre.

Ce qui ressort de l'approche de la tectonique des plaques est qu'il nous manque la pierre angulaire dont on a le plus besoin pour prévoir les séismes. L'analyse ou l'étude des éléments rendus par la croute terrestre : failles, plis, collisions et subductions ne suffisent pas à traiter ce vaste champ. Il nous faut aussi un regard aigu sur « la base fluide supportant » la croute terrestre.

Les zones sismiques dans le monde sont présentées à partir d'une carte tiré du site « www.cosmovisions.com » qui montre en rouge foncé les champs sismiques. Ce qui nous concerne : L'Europe et l'Orient. Une deuxième carte présente le champ montagneux européen.

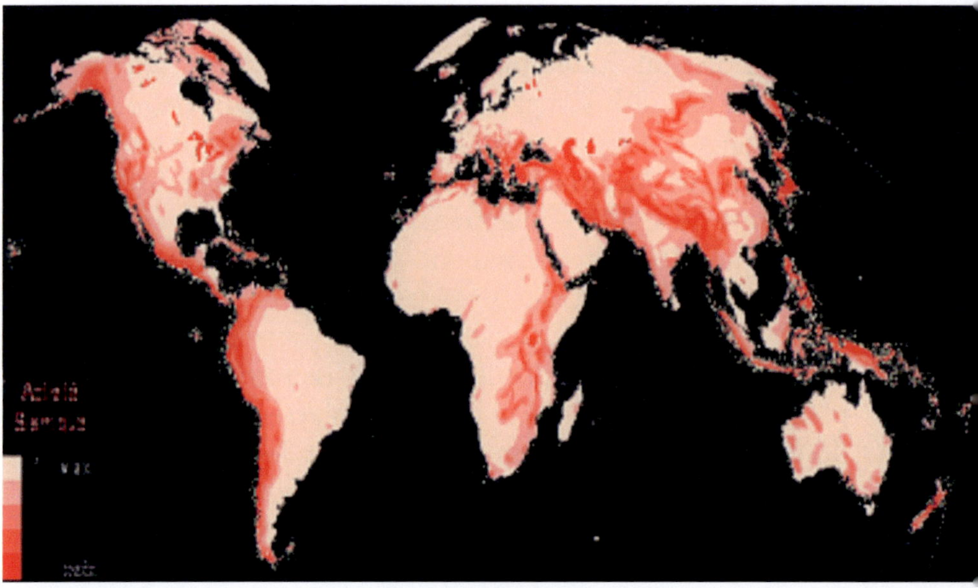

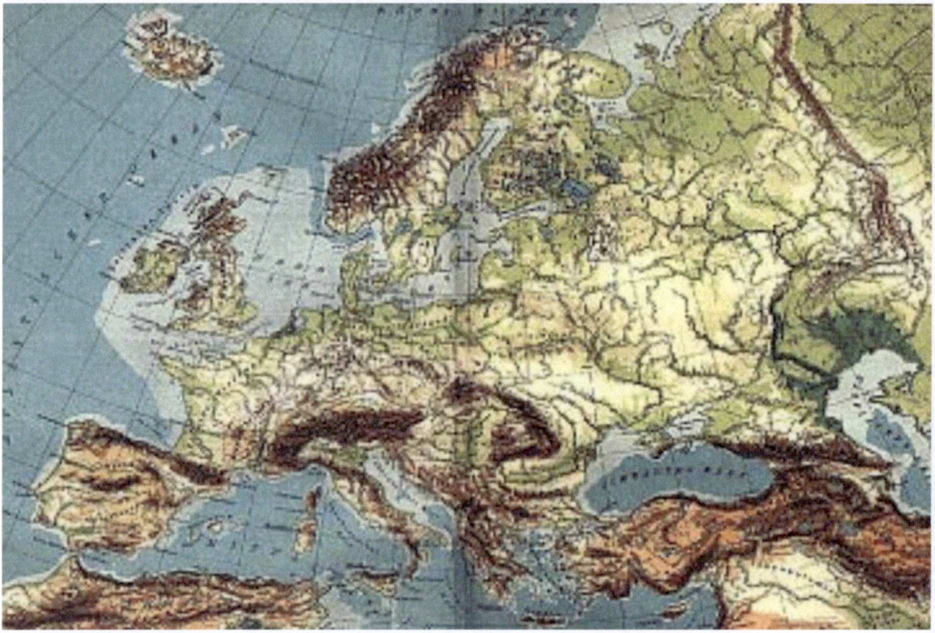

Une carte illustrative, montrant le volcanisme dans le monde tiré du site « ladocumentationfrancaise.com » :

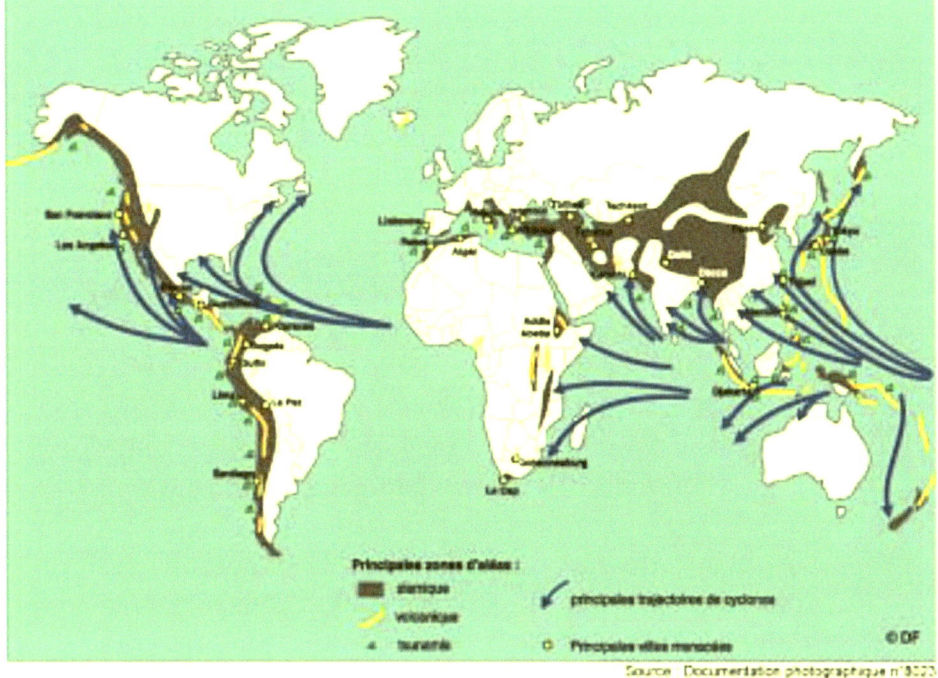

Surement l'un des points partagés par la communauté scientifique est que même si certains tremblements de terre dévastateurs se produisent à l'intérieur des plaques, loin de leurs marges, plus de 95% de l'énergie sismique libérée à la surface de la Terre l'est aux limites de plaques : à l'axe des dorsales médio-océaniques, dans les failles transformantes, dans les zones de subduction ou dans les zones de collision continentale comme l'illustre les images ci-dessus. Ainsi les zones du monde où les populations sont le plus exposées sont:

- le domaine de convergence Afrique-Eurasie-Inde, correspondant à la fermeture de l'ancienne Théthys et englobant le pourtour de la Méditerranée, la région Iran-Pakistan-Afghanistan, l'Asie Centrale, le nord de l'Inde et la Chine
- les domaines de subduction circum-Pacifique englobant l'Amérique du Nord-Ouest, l'Amérique Centrale et l'Amérique du Sud à l'est, et le Japon, Taïwan, les Philippines, l'Indonésie et la Papouasie à l'ouest
- les arcs volcaniques tels que les Antilles et les Caraïbes
- les domaines émergés de coulissage entre plaques, tels que la Californie par exemple

La plupart de ces zones (à l'exception notable des zones de collision Himalayenne et Alpine) sont en domaine côtier, d'où la nécessité de conduire des actions en mer.

Evaluer l'aléa sismique consiste à déterminer la probabilité d'occurrence et les caractéristiques d'un séisme dépassant un certain niveau en un endroit donné. Ce travail comporte deux étapes. La première, dite de sismo-tectonique, passe par l'interprétation de la sismicité historique (laquelle permet de retrouver la localisation et les magnitudes des séismes anciens), l'analyse de la sismicité instrumentale et l'identification des failles actives sur le terrain. La deuxième étape, dite de microzonage sismique, consiste à estimer les caractéristiques du mouvement du sol en un site donné, compte tenu de la magnitude et de la distance du séisme attendu.

Dans les zones de collision continentale, où la sismicité est diffuse et répartie sur un grand nombre de failles avec des constantes de temps de l'ordre de plusieurs milliers d'années, les failles actives sont encore très mal connues. En France et dans les régions frontalières, par exemple, les failles qui ont joué lors des séismes de Bâle (1356), de Catalogne (1428) ou de Lambesc (1909) n'ont pas été trouvées. Ceci implique notamment que la sismicité instrumentale ne suffit pas à évaluer l'aléa sismique. Les études de sismicité doivent être complétées par des études géologiques sur le terrain pour cartographier les failles.

CARACTERISTIQUES DE CERTAINS ENSEMBLES MONTAGNEUX :

Toutes les chaines de montagnes se sont formées aux marges des plaques mobiles, les plaques lithosphériques. C'est à ces endroits que se plient ou se cassent les roches sous l'effet des forces de compression et d'extension qui résultent de la collision des plaques. Ces plis sont généralement détecter en profondeur dans la croute continentale. A des niveaux moins profonds, par contre, ce sont plutôt des failles qui ont tendance à apparaître.

L'étude sur le terrain révèle qu'une couche plate de roches sédimentaires se plissant graduellement en créant une alternance d'antiformes, en forme d'arche, et de synformes en forme de cuvette comme c'est le cas du jura en France et en suisse ou dans les Appalaches (dans la province de Valley and ridge.). D'autres cas, au Canada, à l'est des montagnes rocheuses, les géologues affirment que les roches peuvent être empilées les unes sur les autres par une série de failles se chevauchant à angle faible.

Pour ce qui est des alpes ou de l'Himalaya, où la déformation est plus intense, ils affirment que non seulement les roches sont plissées, mais les plis ont été aplatis et cisailles si bien que la partie supérieure s'est déplacée, parfois sur de nombreux kilomètres, sous forme de structures appelées les nappes de charriages. Encore que dans de telles montagnes, formées par la collision de deux plaques continentales, quelques failles chevauchantes principales, très profondes, découpent des ensembles de roches et les empilent les unes sur les autres.

Ce genre de structure peut affaiblir l'ensemble du système rocheux.

Il est d'abord à savoir qu'une montagne n'est pas une formation géologique statique.

Au début de son émergence, la montagne subit un lent processus d'érosion vient progressivement l'abraser, et ajoutent les géologues, parfois quand les forces horizontales qui épaississent la croute cessent d'agir la croute épaissie commence à s'étaler. Par exemple lorsque la subduction d'une plaque sous une autre est stoppée à l'image du processus dans la province de Basin and range à l'ouest des montagnes rocheuses aux Etats-Unis.

Ainsi alors que la croute s'écarte des blocs tombent le long des failles pour former des fossés. L'image la plus probante est celle de la célèbre vallée de la mort.

Certain géologues estiment que les Andes et le plateau tibétain, qui s'étend au nord de la chaine de l'Himalaya, pourraient un jour s'effondrer de la même manière, vue que les racines profondes de ces montagnes sont faites de matières moins denses et plus légères susceptibles de s'étaler dès qu'elles ne seront plus compressés par les forces horizontales.

Les montagnes de l'Himalaya sont presque deux fois plus hautes que les alpes bien qu'elles se soient formé par un processus semblable : la collision de deux plaques continentales. Les géologues expliquent cette différence par le fait que la plaque lithosphérique européenne comparée à la plaque indienne est deux fois moins épaisse et par conséquent deux fois moins solides que la plaque indienne.

Sur les continents, l'épaisseur moyenne de la croute terrestre est de 30 km (70 km sous les montagnes) et les roches majoritaires sont les roches métamorphiques (gneiss), le granite et enfin les roches sédimentaires. Au niveau des océans par contre, on trouve de haut en bas une succession de roches connues sous le nom d'ophiolite : basaltes, gabbros, péridotites à olivine. Des roches sédimentaires recouvrent (sauf au niveau du rift) cette série. L'épaisseur est beaucoup plus faible : 5 km environ (soit 10 km sous le niveau de la mer). Cette enveloppe est limitée, dans sa partie inférieure, par le Moho.

Je réitère mes mots : l'analyse et l'observation de la dynamique interne de la terre, couplée aux mouvements des plaques doit être approfondie. C'est dans l'asthénosphère que se joue l'avenir de la croute. La composition rocheuse de la croute peut avoir une influence significative également sur l'intensité des dégâts à la surface sachant qu'une structure à forte empreinte sédimentaire peut comporter un risque significatif (lors d'une collision entre plaque par exemple). Les roches se trouvant à la base de la croute constituent des éléments favorables à la flottabilité de la masse continentale.

En Orient, d'après les récits bibliques, notamment dans les premiers chapitres de la genèse, les seules « mémoires vives »conservant encore les archives de la terre, des traits de l'histoire , de la tectonique de la zone au cours des millénaires ,et de l'âge réel de la croute... restent ces 4 fleuves cités dans genèse au chapitre 2 , dont il semble ne rester à ce jour que deux : le Tigre et l'Euphrate. Leur titre d'ancienneté fait d'eux le musée encore vivant pour l'étude de la tectonique mais aussi de tout un passé empreint de vie.
Ils nous permettent de remonter dans le passé et de creuser encore dans l'histoire, de reconstituer l'unicité des plaques avant leur séparation.
Pischon-Guihon-Hiddekel-Euphrate : les «4barrettes » .

➤ *CLIMAT EGALEMENT* :

L'Europe est prit entre des situations qui peuvent du jour au lendemain perturber sa géographie : Sahara au sud, accentuation de la chaleur, et pole nord qui fait l'objet d'une véritable surveillance ; effet de serre et pollution de l'ozone dont les effets se feront certainement sentir.

Sans écarter la dynamique actuelle des pays émergents, en matière de rejet des gaz à effet de serre, on s'achemine progressivement, l'horloge en main, vers une impasse qu'il va falloir préparer dès maintenant ! Les évènements peuvent se déclencher de façon brutale ! C'est ce qui rend cette approche délicate.

Si, notre observation est pointue, L'Europe prit dans sa globalité se présente dans une situation très délicate. Mes prévisions se portent sur de violentes perturbations : canicules assez fortes, exceptionnelles d'ailleurs ; grêles, inondations,... Les précipitations présentes annoncent l'amont de cette horizon. De plus, les 27 millions de km2* du trou d'ozone, une superficie encore en expansion, est un élément à ne pas écarter.

**Ce point est développé dans un livre traitant de la solution au trou d'ozone.*

➤ *Programme Européen de gestion de canicule (UE) :*

C'est le programme « ZRC » : « Zone de Refuge Caniculaire » qui a pour but l'accueil de la population ,dans un espace aménagé et frais, en cas d'une canicule torride, supérieure à celle de 2003.

L'un des forts avantage est de lutter contre les décès qui surviennent lors des canicules et de limiter relativement la sollicitation des hôpitaux.

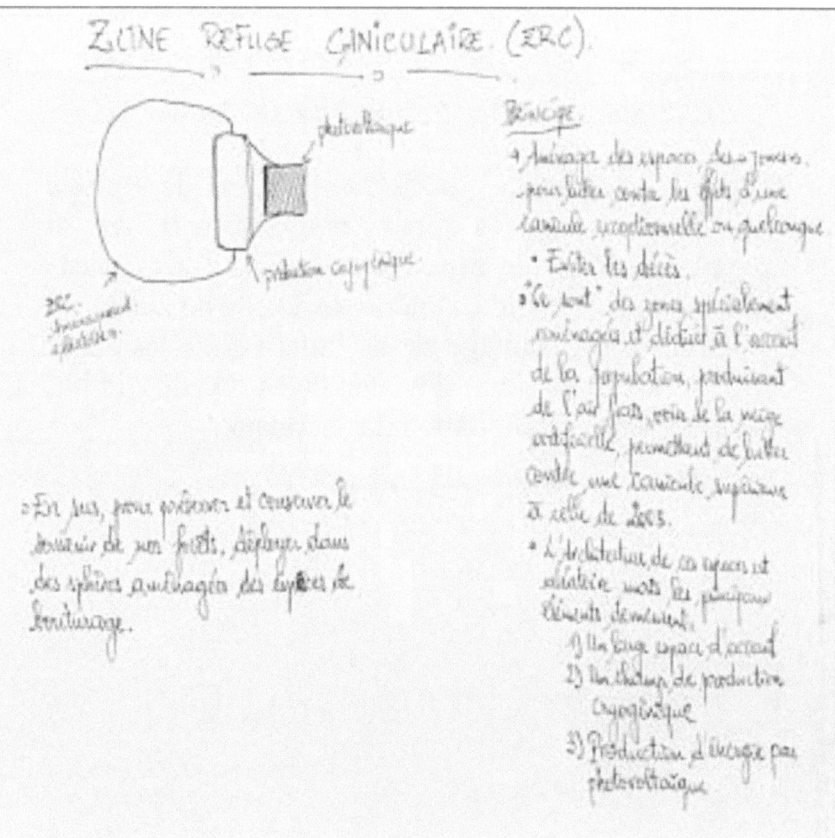

- Lieux : Parcs, espaces publics, etc...

  o Pour la préservation de la foret, opter pour un programme bien mener de préservation du tissu végétal européen par la méthode de bouturage qui consiste en un « clonage » ou une multiplication végétative d'une espèce végétale. On pourra, en lieu et place d'une destruction de foret due à la canicule, conserver des espèces pour une exploitation future.

CONCLUSION

On pourrait bel et bien assister à des ondes de chocs, et à des scénarios climatiques très sérieux, en Europe et au Proche Orient, et ce de façon continue.

Une brusque et forte activité convective au sein du manteau est une voie à privilégier, une longue faille due à la collision des plaques africaines et européennes. La variation brusque et rapide, et la force des courants de convection étant aléatoire, restent certainement des aspects à mieux saisir.
Une précipitation accrue et soutenue de perturbations climatiques !

Assister à des ébranlements, effondrement ou liquéfaction des sols, des chocs intenses, des cataclysmes et bien d'autres ? La réflexion est de mise, les évènements actuels nous le montre également. La dynamique des courants de convection et le manteau sont encore, me semble t-il, des éléments à prendre considérablement en compte.

Je ne saurais me permettre de confronter les esprits scientifiques, mais, veillons, les regards prospectant le manteau et la machine climatique. Mais on se souvient des années 1811-1812 dans le Missouri au Etats-Unis ,dans le New-Madrid qui fut difficile à comprendre; de San Francisco en 1906 ou de Bhuj en 2001, du 22 mai 1960 au chili,... Ces cas ne sont pas à écarter de notre aire.

Une parenthèse importante à l'endroit des Andes : il importe d'évaluer les contraintes agissants aux limites des plaques de Nazca et d'Amérique du sud dans les plus brefs délais. De violents chocs peuvent être en cour.

De l'Europe(les alpes) à l'inde, du Caucase au Moyen-Orient: tout un ensemble, en une expression « *l'hémisphère nord est au rouge* ».

- **_BIBLIOGRAPHIE_**

- http://www.svtcollegevauban.com
- http://www.chambon.ac-versailles.fr/science/geol/seism/pays/inde.htm
- http://www.geopedia.fr
- http://www.science.gouv.fr
- http://artic.ac-besancon.fr
- http://www.andra.fr
- http://www.laradioactivite.com
- http://www.didiersvt.com
- http://www.ggl.ulaval.ca
- http://www.universalis.fr
- http://www.geol-alp.com
- http://pythacli.chez-alice.fr/
- http://decobed.club.fr/index.html
- http://homepage.mac.com/
- http://www.insu.cnrs.fr
- http://www.mecaroc.fpms.ac.be
- http://perso-sdt.univ-brest.fr/~jperrot/terreprofonde/dyn-conv.pdf
- http://www.zonehimalaya.net
- _Grand atlas mondial_
- http://www.futura-sciences.com/
- http://crdp.ac-amiens.fr/seismes/007.htm
- http://www.ens-lyon.fr/Planet-Terre/Infosciences/Geodynamique/Structure-interne/Discontinuites/asthenosphere.html

© 2009 Y, G.Y
Edition : Books on Demand, 12-14 rond-point des Champs Elysées, 75008 Paris
Impression : Books on Demand GmbH, Allemagne
ISBN : 9782810603985